## 글 김형자

청소년을 위한 과학 잡지 《뉴턴》의 편집장을 지내며, 오랫동안 과학 지식을 어린이와 청소년에게 재미있게 전달하는 데에 힘썼습니다. 지금은 과학 칼럼니스트와 저술가로 활동하고 있습니다. 《조선일보》, 《주간조선》, 《시사저널》 등에 과학 칼럼을 연재하고 있고 문화체육관광부, 한국산업기술기획평가원 등에서 발행하는 잡지에도 연재 중입니다. 여러 대학의 신문과 기업체의 사보에 기고하고 있으며, 대학과 기관에서 강의도 하고 있습니다. 그동안 쓴 글 중 몇 편이 중학교 국어 교과서에 실리기도 했습니다. 지은 책으로 『구멍에서 발견한 과학』, 『먹는 과학책』, 『지구의 마지막 1분』, 『인공 지능과 미래』 등이 있습니다.

## 그림 박우희

대학에서 시각디자인을 전공하고 한국일러스트레이션학교(HILLS)에서 그림책을 공부했습니다. 쓰고 그린 책으로는 『괴물들이 사라졌다』가 있고, 그린 책으로는 『왜 먹을까? 영양소 이야기』, 『괴물 학교 회장 선거』, 『안전, 나를 지키는 법』, 『왜 내 것만 작아요?』, 『지도와 탐험』 등이 있습니다.

## 기획 자문 김대식

독일 막스플랑크뇌연구소에서 석박사 학위를 받은 뒤 미국 매사추세츠 공과 대학(MIT)에서 박사 후 과정을 보냈습니다. 지금은 한국과학기술원(KAIST) 전기 및 전자공학부 교수로 일하고 있습니다. 쓴 책으로는 『인간을 읽어내는 과학』, 『그들은 어떻게 세상의 중심이 되었는가』, 『당신의 뇌, 미래의 뇌』, 『메타버스 사피엔스』 등이 있습니다.

**『생각의 탄생』 시리즈**

**생각의 탄생**은 여기저기 흩어져 있는 문명 탄생의 순간들을 주제별로 한데 모아 인류가 어떤 생각들을 떠올리며 발전해 왔는지를 재미있고 알기 쉽게 들려주는 어린이 교양 백과입니다.

**『에너지와 환경』**

불 에너지를 이용할 수 있게 된 인류는 세상을 어떻게 바꾸어 왔을까요? 이 책은 인류가 더 강한 힘을 내면서도 더 깨끗한 에너지 자원을 개발하는 과정을 담고 있습니다. 인류가 새로운 에너지 자원을 개발하는 과정을 따라가다 보면 우리가 에너지 자원을 아끼는 일이 환경을 보호하는 길이라는 것을 알 수 있을 거예요.

생각이 번쩍, 미래가 반짝!
생각의 탄생
⑨ 에너지와 환경

글 김형자  그림 박우희
기획 자문 김대식(KAIST 교수)

### 〈생각의 탄생〉을 시작하며…

인간의 뇌는 태어난 후 약 12년 동안 여러 경험을 거치는 '결정적 시기'를 통해 세상을 파악하고 성장해 갑니다. 이 시기의 아이들은 어느 한쪽에 치우치지 않고 다양한 세상을 접할수록 폭넓은 사고를 갖춘 사람으로 자랄 수 있습니다. 〈생각의 탄생〉은 그런 목적으로 기획되었습니다.

### 아이들의 뇌 성장을 자극하는 주제

한창 자라는 뇌의 신경 세포들은 다양한 자극을 통해 성장합니다. 〈생각의 탄생〉은 아이들의 뇌 발달에 도움이 되는 다양한 문명 관련 주제를 오랜 검토와 고민 끝에 하나하나 정했습니다. 또 하나의 주제 안에서 역사, 문화, 과학, 예술 등 여러 분야의 지식을 융합하여 다양한 자극이 전해지도록 고려했습니다.

### 인류의 발자취를 따라가며 배우는 생각의 힘

세상의 지식은 서로 연결되어 있습니다. 또 연결된 지식에는 역사가 있습니다. 〈생각의 탄생〉은 연결된 지식의 역사 속에서 누가, 언제, 어떻게 세상에 없던 생각을 떠올렸는지 그 과정을 생생하게 따라갑니다. 아이들은 인류의 생각을 들여다보며 더 나은 미래를 펼칠 상상력을 키울 수 있습니다.

> **"** 자, 그럼 〈생각의 탄생〉과 함께 문명 탄생의 순간들을 찾아 즐거운 생각 여행을 떠나 볼까요? **"**

아홉 번째 지식 여행 『에너지와 환경』

# 에너지가 만든 세상, 세상을 바꿀 에너지

만약 여러분이 점심을 먹지 못했다면 오후 내내 기운이 없을 것입니다. 자동차는 기름을 넣지 않으면 언젠가 서 버립니다. 전기가 들어오지 않으면 세탁기, 냉장고, 컴퓨터는 작동하지 않지요. 사람, 자동차, 전자 제품은 공통점이 하나 있습니다. 바로 작동하려면 반드시 '에너지'가 필요하다는 사실입니다.

그런데 에너지가 뭘까요? 과학자들은 에너지를 '일할 수 있는 능력'이라고 말합니다. 이제 궁금한 게 하나 생깁니다. '일'과 '움직임'은 어떤 관계가 있을까요? 여러분이 몸으로 일을 하려면 팔과 다리를 움직여야 하고, 컴퓨터도 작동하려면 반도체에 있는 전자들이 빠른 속도로 움직여야 합니다. 결국 일을 할 수 있는 능력은 무언가를 움직일 수 있는 능력과 같다는 말입니다. 그런데 여기서 중요한 것이 하나 있습니다. 바로 에너지가 갑자기 새로 만들어질 수는 없다는 점입니다. 우리는 다른 곳에 저장되어 있던 에너지를 바꿔서 사용합니다. 우리가 몸을 움직이는 데 필요한 에너지는 음식에서 온 것이고, 음식은 동물과 식물로 만듭니다. 초식 동물은 풀을 먹고, 풀은 태양에서 온 빛을 통해 에너지를 얻습니다. 그러니까 우리는 다양한 생명체에 저장되어 있던 에너지를 사용하는 겁니다.

### 불 에너지, 인류를 바꾸다

인류가 발견한 가장 중요한 에너지는 '불'입니다. 처음 인류는 나무로 불을 피울 수 있었습니다. 인류는 불 덕분에 추위를 피하고 음식을 익혀 먹을 수 있게 됩니다. 불에 익힌 음식은 씹기가 더 편합니다. 그 결과 음식을 씹는 데 썼던 에너지를 뇌에 공급할 수 있게 되면서 인류가 점차 똑똑해졌다고 생각하는 뇌 과학자가 많습니다.

뇌가 누구보다 더 커진 인간은 문명을 일구기 시작합니다. 그리고 큰 발견을 하게 됩니다. 바로 나무보다 더 많은 에너지를 가진 석탄이나 석유 같은 물체를 발견한 것입니다. 그 결과 우리는 석탄을 활용한 증기 기관과 발전소를 만들게 되었고, 석유를 이용해 자동차를 탈 수 있게 되었습니다.

### 화석 에너지에서 신·재생 에너지로

그런데 석탄과 석유 같은 화석 에너지는 태울수록 많은 이산화 탄소가 배출되고, 이렇게 만들어진 이산화 탄소는 지구의 온도를 높여 기후 변화의 원인이 되고 있습니다. 그렇다면 해결책은 없을까요? 전문가들은 화석 에너지 대신 신·재생 에너지 사용을 권장하고 있습니다. 태양 빛, 바닷바람 그리고 땅속 열을 친환경적인 에너지 자원으로 써 보자는 겁니다. 그리고 과학자들은 태양 안에서 벌어지고 있는 과정을 모방한 '핵융합' 기술을 계속 연구하고 있습니다.

에너지 없는 세상은 불가능합니다. 〈생각의 탄생〉 아홉 번째 권인 『에너지와 환경』편을 통해 여러분들이 살게 될 미래 세상에는 어떤 새로운 에너지가 등장할지 흥미진진한 상상을 해 보면 좋겠습니다.

김대식, KAIST 전기 및 전자공학부 교수

# 차례

〈생각의 탄생〉을 시작하며… 4

에너지가 만든 세상, 세상을 바꿀 에너지 5

## 1 인류, 불 에너지를 손에 넣다 12

- 에너지가 뭐야?
- 💡 생각 발견 **인류, 불 에너지를 만나다!**
- 불 에너지로 도구를 만들었어!
- 불 에너지에서 시작된 문명

## 2 산업 혁명을 이끈 에너지 26

- 석탄의 시대가 오다!
- 💡 생각 발견 **증기 기관, 산업 혁명 시대를 열다!**
- 석유 에너지가 등장하다!
- 💡 생각 발견 **비셀, 드레이크, 록펠러, 석유의 대중화를 이끌다**
- 석유, 가장 중요한 에너지 자원이 되다!

## 3 에너지의 꽃, 전기 에너지  46

- 전기 에너지를 저장하라!
- 패러데이, 전기를 만들다
- 에디슨, 전기를 대량으로 생산하다

## 화석 에너지, 기후 변화를 일으키다  58  4

- 원자 에너지로 전기를 만들 수 있다고?
- 페르미, 원자로 전기 에너지를 만들다!
- 원자력 발전도 문제는 있어!
- 화석 에너지 때문에 지구의 기온이 높아졌다고?

## 5 미래 에너지가 온다!  70

- 신·재생 에너지를 찾아라!
- 태양의 빛과 열을 이용하라!
- 바람, 물, 땅속열로 전기를 만든다고?
- 생물과 수소로 에너지를 만들 수 있다고?
- 신·재생 에너지가 지구를 구할까?

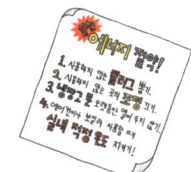

📁 모닥불에서 신·재생 에너지까지  84

궁금증 상담소  88

손바닥 교과 풀이  90

어느 날, 갑자기 전기가 들어오지 않으면 어떻게 될까?

 전기, 즉 에너지가 없으면 사람들의 일상생활은 모두 엉망진창이 되어 버릴 거야.

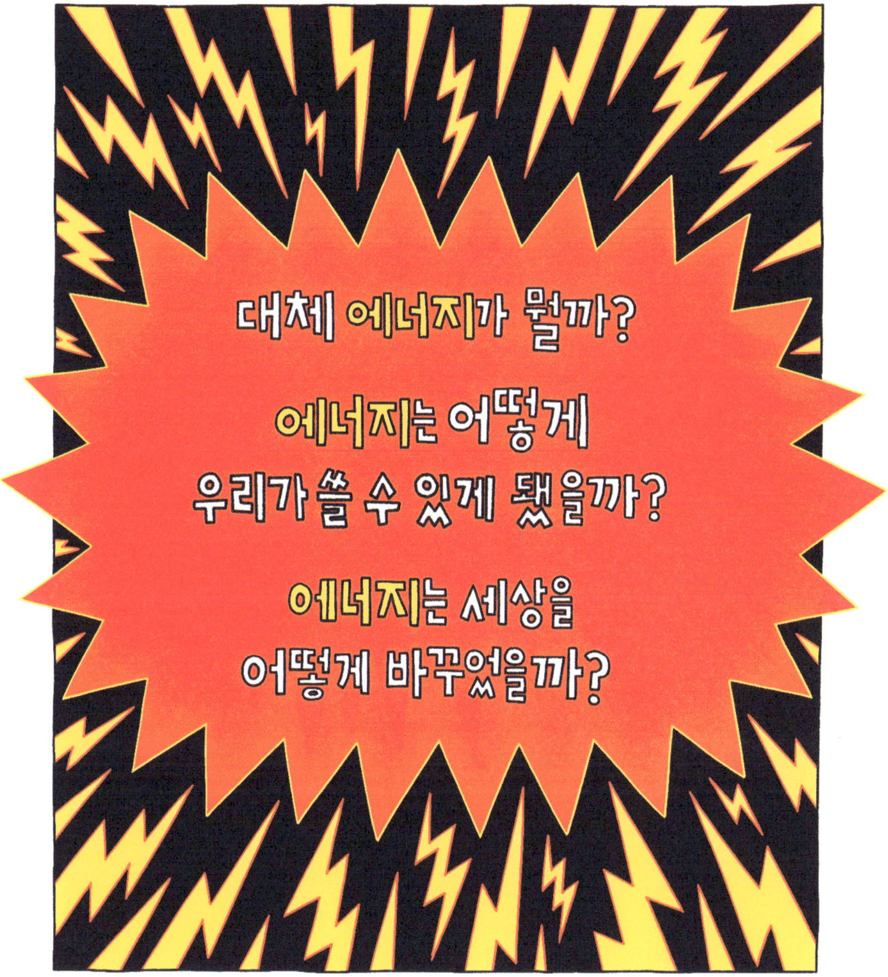

대체 에너지가 뭘까?

에너지는 어떻게 우리가 쓸 수 있게 됐을까?

에너지는 세상을 어떻게 바꾸었을까?

# 에너지가 뭐야?

　에너지는 우리 주변 어디에나 널려 있어. 여름 바닷가 풍경을 한번 떠올려 봐. 바닷가 주변에서 자라는 나무와 풀은 태양 에너지를 받으며 쑥쑥 자라. 바다 위 돛단배는 바람 에너지를 받아 조금씩 움직이지. 또 밤이 되면 전기 에너지로 조명을 훤히 밝힌 오징어잡이 배도 볼 수 있어. 이뿐만이 아니야. 바닷가 식당은 숯불이 내는 뜨거운 열에너지로 조개와 고기를 구워 먹는 사람들로 북적여. 하늘을 나는 비행기는 석유 에너지를 이용해 사람들을 다른 장소로 데려다주느라 분주하지.

　대체 에너지가 무엇이기에 이렇게 다양한 일을 할 수 있을까? 에너지는 한마디로 '어떤 일을 할 수 있는 능력'이야. 일은 '물체에 힘을 주어 물체를 움직이게 하거나 모양을 변하게 하는 것'이고 말이야. 그러니까 에너지는 세상 모든 것을 움직이는 힘인 거지.

　인류도 처음에는 에너지가 뭔지 몰랐어. 오직 자신의 힘만 에너지로 썼어. 그러다 점차 다른 곳에 저장된 에너지를 이용할 수 있다는 것을 깨닫게 됐지. 인류가 맨 처음 이용한 에너지는 불이었어.

## 인류, 불 에너지를 만나다!

불은 번개가 치거나 산불이 나거나 화산이 폭발할 때 자연적으로 발생해.

처음에는 인류도 불이 무서워서 벌벌 떨었어.

불이다! 도망가자.

그러다 불이 꺼진 잿더미 옆이 따뜻한 걸 알게 됐어. 게다가 불에 익은 고기는 맛도 좋고 씹기도 편했지.

따뜻해서 좋네.

맛있어.

이제 인류는 불씨를 다른 곳으로 옮길 수 있게 됐어.

인류는 나무와 나무를 비비면 불씨가 생긴다는 것을 알아냈고,

부싯돌끼리 부딪치면 불꽃이 튄다는 것도 알게 됐어.

이렇게 인류는 필요할 때 언제든지 불 에너지를 만들 수 있게 됐어.

# 불 에너지로 도구를 만들었어!

불 에너지를 직접 만들 수 있게 된 인류의 삶은 완전히 달라졌어. 음식을 하고, 동굴을 따뜻하게 하고, 밤을 환하게 밝힐 수 있었지. 무서운 맹수도 쫓아낼 수 있었고 말이야.

세월이 지나면서 인류는 한곳에 머물러 농사를 짓고, 가축을 기르기 시작했어. 그런데 문제가 생겼어. 무슨 문제냐고? 농사지은 곡물과 물을 보관할 그릇이 없었던 거야. 인류는 단단하고 물이 새지 않는 그릇을 만들 수 있는 재료를 찾았어. 그러다 불에 구운 진흙이 단단하고 물이 잘 새지 않는다는 것을 알게 됐지.

곧이어 인류는 돌을 쌓아 가마를 만들고, 그 안에 진흙으로 빚은 그릇을 넣고 불을 땠어. 마침내 단단하고 물이 새지 않는 토기가 탄생한 거야. 이렇게 인류는 불 에너지를 이용해 토기를 비롯한 도구를 만들 수 있게 됐어.

인류는 불을 잘 다루게 되면서 불 에너지의 특징을 점점 잘 알게 됐어. 불의 힘이 셀수록 만들 수 있는 게 많다는 것도 깨닫게 됐지. 그래서 인류는 계속해서 불의 온도를 높이는 기술을 발전시켰어. 그 덕분에 금속을 발견할 수 있었어. 가마에서 토기를 굽다가 우연히 붉은색과 은백색을 띤 찐득찐득한 물질이 흘러나오는 것을 발견한 거야. 이 물질들이 구리와 주석이었어.

구리과 주석은 그리 단단하지 않았어. 그래서 인류는 구리와 주석을 섞어서 불에 녹였다가 굳혀 보았어. 그랬더니 아주 단단한 물질이 됐어. 이 물질이 바로 '청동'이야. 인류가 처음 만든 금속이지. 이때부터 인류는 청동으로 다양한 도구를 만들기 시작했어. 창이

나 칼 같은 무기를 비롯해 농기구, 거울 등을 만들었지.

그런데 청동은 단점이 있었어. 구리와 주석이 흔한 금속이 아니었거든. 여기 조금, 저기 조금 묻혀 있었지. 그래서 누구나 쉽게 가질 수 없었어.

금속으로 생활에 필요한 도구를 만들려면 매장량이 풍부한 금속이어야 했어. 그래서 인류가 찾아낸 금속이 '철'이야. 철을 만드는 돌인 철광석은 어느 지역에나 있었거든. 철은 구리나 주석보다 훨씬 높은 온도에서 녹아. 그래서 인류는 나무를 태워 만든 목탄(숯)과 바람을 불어넣는 풀무를 만들어 불의 온도를 높여 나갔어.

인류가 처음 만든 철은 푸석푸석했어. 하지만 뜨거운 불로 철을 달구어 이리저리 두드리고 식히기를 되풀이하면 강하고 단단한 철이 됐지. 마침내 인류는 철을 녹여서 생활에 필요한 도구를 만들 수 있게 된 거야. 이처럼 불 에너지를 다루는 기술을 발전시키면서 인류는 문명을 발전시켜 나갔지.

## 목탄이 나무보다 좋은 점은?

**400~700도 / 1,000도**
나무를 태우면 불의 온도가 400~700도 정도지만 목탄은 1,000도가 넘어.

나무는 불의 세기가 일정하지 않지만 목탄은 일정해.

나무는 불에 탈 때 연기가 많이 나지만 목탄은 거의 나지 않아.

나무는 무거워서 옮기기 힘들지만 목탄은 가벼워서 옮기기가 쉬워.

# 석탄의 시대가 오다!

인류는 오랫동안 철기를 만들 때 목탄을 연료로 썼어. 그런데 목탄으로는 철을 한꺼번에 많이 녹이지 못했지. 철기의 질도 그리 좋지 않았고 말이야. 게다가 인구가 늘면서 나무로 만든 목탄이 점점 부족해졌어. 당시에는 일상생활에 나무가 많이 필요했어. 땔감뿐만 아니라 집을 지을 때도 나무를 썼거든.

특히 16세기 영국에서는 목탄 부족이 심각했어. 바다 탐험에 쓸 큰 배를 만들려고 나무를 마구 베어 냈거든. 영국의 기술자들은 목탄을 대신할 새로운 에너지 자원이 필요했어. 그렇게 해서 찾아낸 게 바로 석탄이야. 하지만 당시에는 석탄으로 높은 열을 내지 못했어. 그러던 중에 '다비'라는 기술자가 석탄의 불순물을 없애서 높은 열을 내는 '코크스'를 개발하면서 석탄이 널리 쓰이게 됐지.

　석탄은 땅속에 많이 묻혀 있어서 석탄을 캐려면 땅굴을 깊게 파야 해. 그런데 땅굴을 깊게 파면 물이 차오르기 일쑤였어. 이 골칫거리를 해결한 사람이 바로 영국의 기술자인 '뉴커먼'이야.

# 증기 기관, 산업 혁명 시대를 열다!

탄광에 고인 물을 퍼내는 기계가 꼭 필요하다는 걸 알게 된 뉴커먼도 증기 기관 만들기에 도전했어. 마침내 1721년에 탄광에서 쓸 수 있는 증기 기관을 만들 수 있었지.

내가 쓸모 있는 증기 기관을 꼭 만들겠어!

뉴커먼이 만든 증기 기관은 물을 끓여서 발생한 수증기의 힘을 이용해 피스톤을 위아래로 움직이면서 물을 퍼냈어.

피스톤
실린더

그 뒤 뉴커먼의 증기 기관은 수십 년 동안 탄광에서 물을 퍼내는 데 쓰였지.

흐뭇하구먼.

하지만 뉴커먼의 증기 기관은 자주 고장이 났어.

이 문제를 해결한 사람이 영국의 기술자 와트야. 와트는 1764년에 뉴커먼의 고장 난 증기 기관의 수리를 부탁받았어.

> 제가 한번 고쳐 보겠습니다!

와트는 뉴커먼의 증기 기관이 물을 데우고 식히고 다시 데우면서 에너지의 낭비가 심하다는 걸 알게 됐어.

> 문제가 너무 많네.

1769년에 와트는 뉴커먼의 증기 기관을 연구하여 발전된 증기 기관을 만들었어.

> 수증기를 식혀서 물로 만드는 장치를 따로 만들면 되겠군.

실린더 / 뉴커먼의 증기 기관

실린더 / 응축기 / 와트의 증기 기관

와트가 만든 증기 기관은 뉴커먼의 증기 기관보다 열이 낭비되지 않아서 석탄을 절약할 수 있었어.

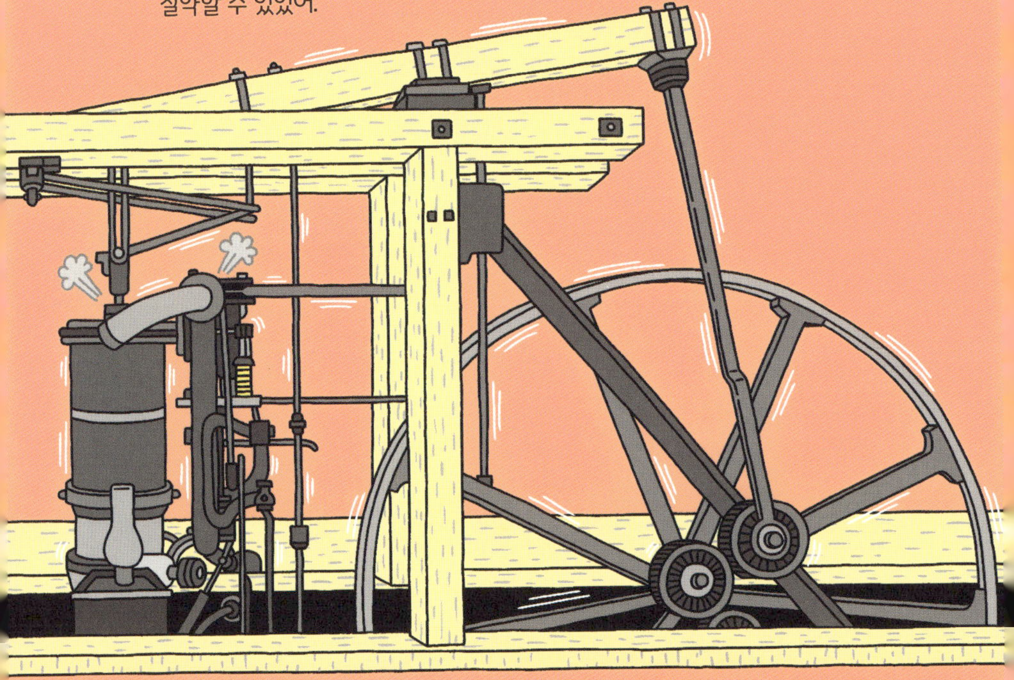

그 뒤 와트의 증기 기관은 방직 공장, 제철소 등에서 기계를 돌리는 데 쓰이기 시작했고, 증기 기관의 힘으로 움직이는 증기선과 증기 기관차 등이 발명됐어.

와트가 석탄 에너지의 힘을 제대로 활용할 수 있는 증기 기관을 만든 덕분에 산업 혁명이 빠르게 진행되기 시작했어.

# 석유 에너지가 등장하다!

　와트의 증기 기관 덕분에 산업이 눈부시게 발전하기 시작했어. 도시에는 수많은 공장이 세워지고, 사람들은 일자리를 찾아 도시로 몰려들었지. 일감이 늘자 도시 공장 노동자들은 캄캄한 밤에도 일을 해야 했어. 등불을 환하게 밝히고 말이야. 등불의 연료는 고래기름이나 올리브기름처럼 동물이나 식물에게서 얻은 거였어. 그런 기름은 귀하고 비쌌지.

　당시 널리 쓰이던 석탄은 등불의 연료로 적당하지 않았어. 석탄이 탈 때 나는 빛은 그리 밝지 않았거든. 또 석탄을 태울 때 나오는 가스도 사람들 건강에 해로웠지. 기술자들은 값싸고 밝은 빛을 내는 새로운 에너지를 찾았어. 이들이 찾아낸 것이 바로 석유야.

석유는 아주 깊은 바위 층 사이에 대량으로 묻혀 있어. 때때로 지진이 일어나면 깊은 곳에 있던 석유가 땅 위나 바위 틈으로 흘러나오기도 하지만 매우 드물었지. 사람들은 이 끈적끈적한 석유를 태우면 밝은 빛이 난다는 것을 알고 있었어. 하지만 마땅히 석유를 캐낼 방법이 없었지. 땅속의 석유를 뽑아내서 등불의 연료로 쓰려고 생각한 사람은 미국의 사업가 비셀이었어.

## 생각 발견

# 비셀, 드레이크, 록펠러, 석유의 대중화를 이끌다

1850년대 미국의 사업가 비셀은 펜실베이니아 지역 사람들이 불을 켜는 데 석유를 이용하는 것을 보았어.

"이건 뭐요?"

"땅에서 나오는 검은 기름인 석유입니다."

비셀은 석유로 등불을 밝힐 수 있으면 좋겠다고 생각했어.

"석유를 캐낼 수만 있다면 다른 기름보다 싼 가격으로 팔 수 있을 거야."

먼저 비셀은 펜실베이니아주에 있는 오일 크리크 주변에 석유 회사를 세웠어.

"이곳의 이름이 '오일 크리크(석유가 흐르는 강)'인 것을 보니 분명 석유가 묻혀 있을 거야."

그러고는 기술자인 드레이크에게 석유를 뽑아내는 일을 맡겼어.

"잘 부탁드립니다."

"걱정 마십쇼."

석유는 끓는점에 따라 가스, 휘발유, 등유, 경유, 중유, 아스팔트로 분리해 낼 수 있어.

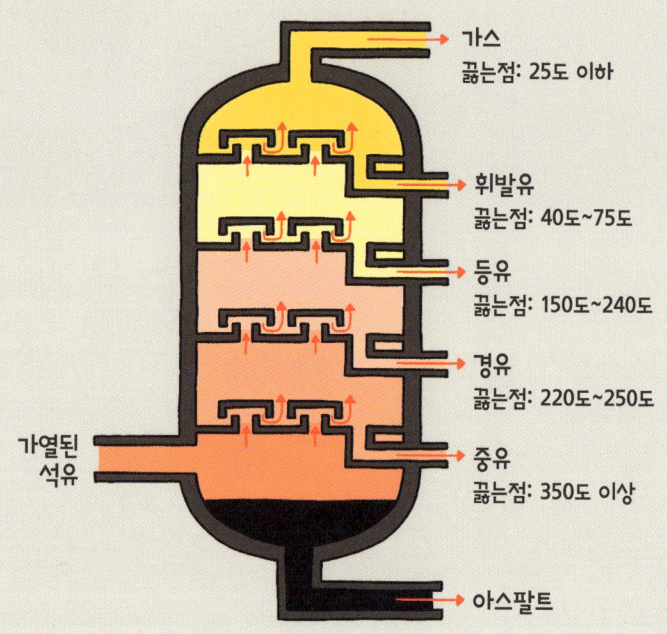

석유는 점점 더 사람들의 생활을 편리하게 해 주는 중요한 에너지 자원이 됐지.

# 석유, 가장 중요한 에너지 자원이 되다!

석유의 사용이 폭발적으로 늘어난 것은 자동차 때문이야. 자동차는 내연 기관으로 움직여. 내연 기관은 기계 안에서 연료를 태워서 움직일 수 있게 만든 장치야.

처음에는 석탄이나 목탄에서 나오는 가스를 내연 기관의 연료로 썼어. 하지만 가스를 저장하는 기술이 발달하지 않아서 불편한 점이 많았지. 그다음 찾아낸 연료가 석유에서 분리해 낸 휘발유였어. 액체인 휘발유는 순식간에 타올라 힘이 좋거든.

휘발유를 연료로 쓰는 내연 기관은 1885년에 독일의 기술자인 다임러가 처음 만들었어. 그 뒤 미국의 기술자인 포드가 휘발유를 연료로 쓰는 자동차를 대량으로 생산하기 시작했어. 그 뒤 석유를 연료로 쓰는 기차, 배, 비행기 등이 생겼지. 지금도 석유는 세상을 움직이는 가장 중요한 에너지 자원이야. 만약 석유가 없다면 세상은 제대로 돌아가지 않을 거야.

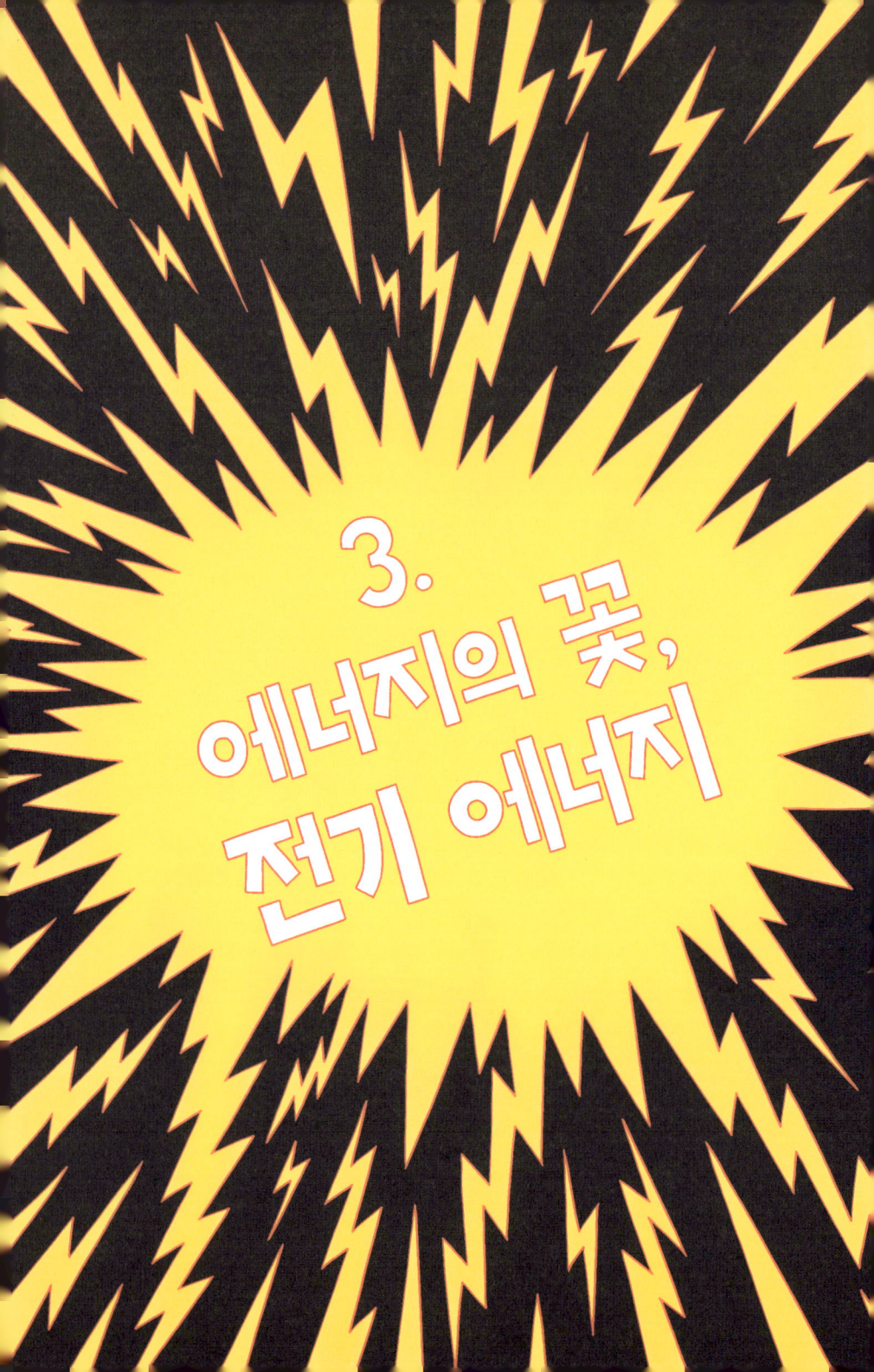

인류는 나무, 목탄, 석탄, 석유를 에너지 자원으로 이용하여 세상을 바꾸어 왔어. 특히 석탄을 이용한 증기 기관과 석유를 이용한 내연 기관의 발명으로 산업을 크게 발전시켰지. 그럼에도 불구하고 인류는 여전히 등유를 넣은 등불로 어둠을 몰아냈어. 그사이 과학자들은 밤을 더 환하게 밝혀 줄 새로운 에너지를 찾고 있었어. 바로 전기였어.

인류는 전기 에너지를 발명하기 전부터 정전기나 번개 등을 통해서 전기 현상에 대해서 어느 정도 알고 있었어. 하지만 전기를 저장해서 쓸 수 있는 방법은 알지 못했지. 1745년에 네덜란드의 물리학자인 뮈스헨브룩이 전기를 모을 수 있는 레이던병을 발명할 때까지 말이야. 레이던병의 발명은 당시 과학계를 깜짝 놀라게 만들었어. 그리고 이때부터 전기에 대한 이해가 높아지기 시작했지.

그 뒤 1800년에 이탈리아의 물리학자인 볼타는 전기를 발생시킬 수 있는 방법을 알아냈어. 동판과 아연판을 여러 층으로 쌓은 다음, 그 사이에 소금물에 적신 헝겊을 끼워 넣어 전기가 흐르는 걸 발견한 거야. 이것이 인류가 처음 만든 '전지'야. 지금 우리가 쓰는 건전지의 초기 모습이지.

볼타 전지가 만들어진 지 꼭 20년이 되던 해였어. 덴마크의 물리학자 외르스테드는 학생들과 볼타 전지를 이용한 실험을 하고 있었어. 볼타 전지를 잇는 전선에 전기를 보내는 실험이었지. 그러다가 이상한 현상을 발견했어. 전선 옆에 놓인 나침반의 바늘이 90도로 도는 거였어.

외르스테드는 그 원인을 찾기 위해 실험을 되풀이했어. 마침내 '전기가 흐르면 전선 주변에도 자기장(자석의 힘이 미치는 공간)이 생긴다'는 걸 알아냈어. 이 발견은 전기와 자석의 힘을 이용하면 물체를 움직일 수 있다는 것을 알게 된 큰 사건이었지.

# 번개는 전기 현상이야!

옛날 사람들은 번쩍이는 번개가 무엇인지 몰랐어.

미국의 과학자인 프랭클린은 번개의 정체가 무엇인지 밝히기 위해 실험을 해 보기로 했어.

폭풍우가 치는 날, 프랭클린은 열쇠를 매단 연을 날렸어. 연줄 끝에는 레이던병을 연결했지.

번개가 전기라면 분명 레이던병에 모일 거야.

번개가 연줄을 타고 흐르자, 레이던병에 전기가 모였어.

번개가 전기임이 밝혀진 순간이었지.

1821년, 영국의 과학자인 패러데이는 외르스테드의 실험을 직접 해 보았어. 그러고는 '전기가 자기장을 만든다면, 자기장을 이용해 전기를 만들 수 있지 않을까?' 하는 생각을 하게 됐지.

그로부터 10년이 지난 뒤에 패러데이는 전기를 만드는 실험을 했어. 코일(원통 모양으로 여러 번 감은 쇠 줄) 가운데에 자석을 넣었다 뺐다 하는 실험이었지. 코일과 연결된 나침반의 바늘은 자석을 넣었다 뺐다 할 때마다 움직였어. 자기장이 전기를 흐르게 한 거지. 패러데이의 실험으로 자석과 코일만 있으면 전기를 만들 수 있다는 것이 밝혀졌어.

곧이어 패러데이는 이 현상을 이용해 전기를 만들어 내는 기계인

발전기를 만들었어. 하지만 패러데이의 발전기로 만들 수 있는 전기의 양은 적었어. 전기를 대량으로 생산해 집집마다 전기를 보낼 수 있는 발전소를 처음 지은 사람은 미국의 발명가 에디슨이야.

## 생각 발견

# 에디슨, 전기를 대량으로 생산하다

에디슨은 전기로 빛을 내는 백열전구를 발명하고 싶었어. 그때까지 어둠을 밝히려면 남포등과 가스등을 써야 했어.

남포등

가스등

그런데 집집마다 백열전구를 쓰려면 전기가 많이 필요했어.

에디슨은 전기를 대량으로 생산할 수 있는 발전소를 지어야겠다고 생각했어.

# 4. 화석 에너지, 기후 변화를 일으키다

산업 혁명 이후에 대부분의 나라는 석탄, 석유, 천연가스 등을 이용한 화석 에너지를 엄청나게 쓰기 시작했어. 공장 굴뚝에서는 석탄을 태운 검은 연기를 내뿜었고, 자동차에서는 석유를 태운 배기가스를 내뿜었지.

19세기에 전기를 생산할 수 있게 되면서 더 많은 화석 에너지가 필요해졌어. 당시 발전소는 석탄, 석유, 천연가스 등을 태워서 전기를 생산하는 화력 발전소였거든. 사람들이 전기를 이용해 편리한 생활을 하기 위해 엄청난 양의 화석 에너지가 필요해진 거지.

그래서 과학자들은 화석 에너지를 대신할 수 있는 새로운 에너지 자원을 찾기 시작했어. 바로 물질을 이루고 있는 기본 입자인 원자야. 과학자들은 원자가 쪼개질 때 에너지를 내보낸다는 것을 알게 됐어. 미국의 과학자인 페르미는 원자의 이런 성질을 이용해서 전기를 만들 수 있다고 생각했지.

## 페르미, 원자로 전기 에너지를 만들다!

이탈리아에서 태어난 페르미는 어려서부터 물리를 잘했어.
이탈리아 피사 대학에서 물리학 박사를 받고, 로마 대학의 교수가 됐지.

교수 됐다!

페르미는 물질이 에너지를 가지고 있다는 아인슈타인의 연구에 큰 흥미를 느꼈어.

$$E=mc^2$$

E=에너지
m=질량  c=빛의 속도

물질의 양을 에너지로 바꿀 수 있어.

그동안 과학자들은 물질을 이루고 있는 원자에 대해서 연구해 왔어.

원자보다 더 작은 입자가 있을까?

아마도….

그 결과 원자에 대해서 많은 것을 알아낼 수 있었어.

원자!

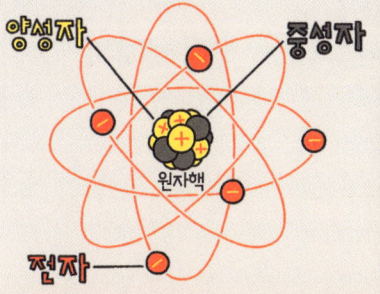

원자는 원자핵과 전자로 구성되어 있고, 원자핵은 중성자와 양성자로 결합되어 있다는 것을 밝혀낸 거야.

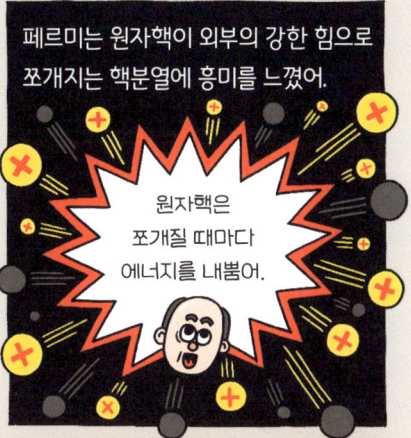

페르미는 원자핵이 외부의 강한 힘으로 쪼개지는 핵분열에 흥미를 느꼈어.

원자핵은 쪼개질 때마다 에너지를 내뿜어.

핵분열은 순식간에 수천만 번이나 연속으로 일어나는 성질이 있어.

원자가 쪼개질 때는 도미노처럼 연이어 쪼개지는구나!

핵분열을 하는 데 이용하기 좋은 물질은 우라늄이야!

그런데 우라늄의 핵분열을 조절하는 것은 매우 어려운 일이었어. 핵분열이 너무 천천히 일어나면 에너지가 적게 나오고, 핵분열이 너무 빠르게 일어나면 한꺼번에 엄청난 양의 에너지가 나오거든.

페르미는 우라늄이 안전하게 핵분열을 할 방법을 찾기 위해 계속 연구했어.

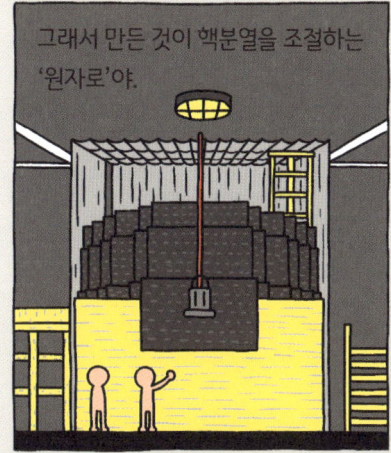

원자로는 우라늄이 핵분열을 할 때 생기는 에너지로 물을 끓이고 수증기의 힘으로 터빈을 돌려 전기를 만들어.

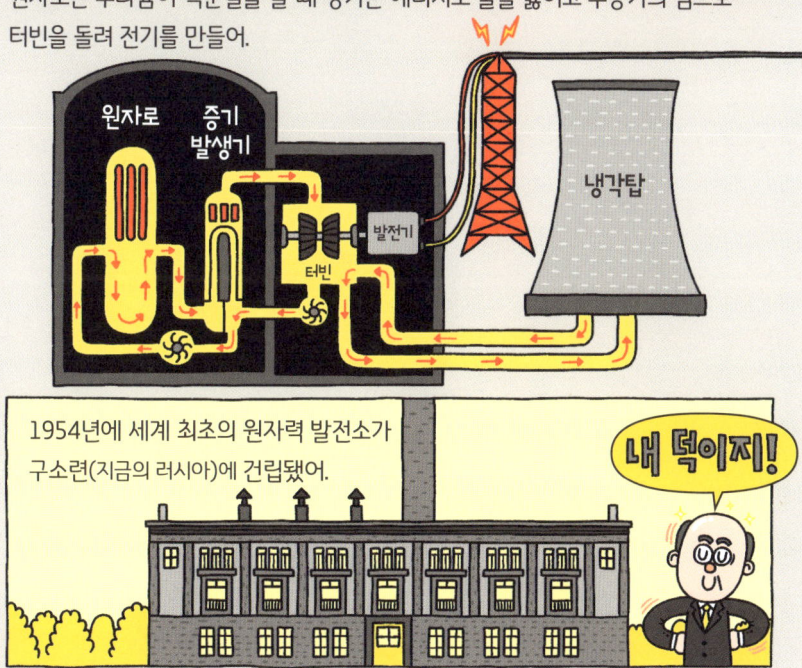

# 원자력 발전도 문제는 있어!

　원자력 발전은 장점도 있고, 단점도 있어. 장점으로는 깨끗하다는 거야. 화석 연료를 태우지 않아 온실가스가 나오지 않거든. 또 우라늄은 적은 양으로 엄청나게 많은 전기를 생산할 수 있어.

　원자력 발전의 단점은 우라늄이 핵분열을 할 때 해로운 물질인 방사능이 나온다는 거야. 방사능에서 나오는 방사선은 사람의 세포를 망가뜨리고, 목숨을 빼앗기도 해.

　1986년에 구소련(지금의 우크라이나)에서 체르노빌 원자력 발전소의 원자로가 폭발해서 수많은 사람이 목숨을 잃은 적이 있어. 암 환자와 기형아도 많이 생겼지. 2011년에는 일본 후쿠시마에서 대규모 지진의 영향으로 쓰나미가 발생해 원자력 발전소가 바닷물에 잠기

면서 방사능이 쏟아져 나왔어.

 이뿐만 아니야. 전기를 생산하면 핵폐기물이 생겨. 핵폐기물에도 방사능이 남아 있어. 그래서 두꺼운 콘크리트 속에 핵폐기물을 가두어 땅속 깊이 묻거나 바다 깊은 곳에 버려야 해. 이런 이유로 원자력 발전소 건설을 반대하는 사람이 많아.

왜 이렇게 깊게 묻냐?

방사능 때문이야.

# 화석 에너지 때문에 지구의 기온이 높아졌다고?

전 세계 여러 나라가 원자력 발전소에서 전기를 생산하고 있어. 하지만 원자력 발전소는 위험해서 함부로 지을 수 없어. 여전히 화력 발전소에서 엄청난 양의 전기를 생산하는 이유야.

그런데 화력 발전소 때문에 지구에 심각한 문제가 생겼어. 화석 연료를 태우면서 이산화 탄소를 많이 발생시키고 있기 때문이야. 이산화 탄소가 너무 많으면 지구가 열을 우주 밖으로 내보내지 못해서 지구의 기온이 높아져. 유리 벽으로 둘러싸인 온실이 태양에서 받은 열에너지를 가두는 것과 같아.

지구의 기온이 높아지면 어떻게 될까? 빙하가 녹고 바닷물이 따뜻해지면, 많은 물이 증발하면서 태풍이 자주 발생해. 지구 대기는

건조해져서 산불이 자주 나고, 가뭄과 폭염, 한파 같은 기후 변화가 일어나. 그래서 과학자들은 화석 에너지 대신 새로운 에너지 자원을 이용해 전기를 생산하기 위해 노력하고 있어.

지구 온난화를 막으려면 화석 연료를 그만 써야 해. 화석 연료의 양이 한정되어 있어서 끝없이 캐낼 수 없어. 원자력 발전의 에너지 자원인 우라늄도 광물이니까 사용할수록 양이 줄어들어. 그래서 사람들은 신·재생 에너지에 관심을 갖고 있어.

신·재생 에너지는 신에너지와 재생 에너지를 합친 말이야. 신에너지는 신기술을 이용하여 만든 연료 물질로, 수소 에너지와 연료 전지 등이 있어. 재생 에너지는 태양, 바람, 물, 땅속열처럼 없어지지 않고 계속해서 이용할 수 있는 에너지를 말해.

신·재생 에너지를 만들려면 비용이 많이 들어. 하지만 지구 온난화로 인한 기후 변화가 심각해지고, 화석 연료의 양도 점점 줄어들면서 전 세계가 신·재생 에너지 개발에 온 힘을 쏟고 있어. 현재 전 세계 에너지의 15퍼센트를 신·재생 에너지에서 얻고 있지.

# 태양의 빛과 열을 이용하라!

　신·재생 에너지 중 가장 많이 이용하는 에너지 자원은 태양이야. 지구 표면에 도달하는 태양 에너지를 1시간 정도 모으면, 1년 동안 전 세계 사람들이 사용할 양이 된대. 이런 무궁무진한 태양 에너지를 이용해 전기를 만드는 방식이 태양열 발전과 태양광 발전이야.

　태양열 발전은 태양의 '뜨거운 열'을 이용해 전기를 만들어. 어떻게 만드냐고? 반사 거울로 햇빛을 모아 그 열로 물을 끓여서 나오는 수증기로 발전기를 돌려 전기를 만드는 거야. 태양광 발전은 태양의 '빛 에너지'를 이용해 전기를 만들어. 태양의 빛 에너지를 전기로 바꾸는 장치를 태양 전지라고 하는데, 태양 전지를 이어서 넓은 태양 전지판을 만들 수 있어. 태양 전지는 햇빛이 닿는 곳이면 어디서

든 전기를 생산해.

　그런데 태양열, 태양광 발전이 만드는 전기의 양은 들쑥날쑥해. 햇빛이 내리쬘 때는 전기를 많이 만들지만, 태양이 숨어 버리는 밤과 흐린 날 그리고 비나 눈이 올 때는 전기를 만들지 못하니까.

## 바람, 물, 땅속열로 전기를 만든다고?

태양은 공기를 데워 이리저리 움직이게 해. 이렇게 움직이는 공기를 바람이라고 하고, 바람의 힘을 이용해 전기를 만드는 걸 풍력 발전이라고 하지. 풍력 발전기의 날개가 돌면서 전기를 만들어. 하지만 풍력 발전도 완벽하지는 않아. 바람이 없거나 약하면 전기를 만들 수 없거든. 또 발전기 날개가 돌아갈 때 시끄럽고, 새들이 발전기 날개에 부딪쳐 죽기도 해. 그래서 풍력 발전소는 주로 바람이 많이 부는 사막이나 바닷가, 섬, 넓은 들판 같은 곳에 세워.

움직이는 물의 힘으로도 전기를 만드는데, 이것을 수력 발전이라고 해. 수력 발전소는 주로 강 상류에 댐을 지어 만드는데, 댐을 지을 때 환경이 파괴된다는 단점이 있어.

땅속의 숨은열로도 전기를 만들 수 있는데, 이것을 지열 발전이라고 해. 땅속 깊은 곳에는 암석이 녹은 뜨거운 마그마가 있어. 지열 발전은 바로 이 마그마로 뜨거워진 수증기를 발전소로 끌어 올려 전기를 만드는 거야. 하지만 땅을 아주 깊게 파야 하기 때문에 지진이 일어날 수도 있대.

환경이 망가지지 않는 새로운 에너지 자원이 필요해!

# 생물과 수소로 에너지를 만들 수 있다고?

인류는 자연의 힘을 이용한 에너지 말고도 '생물을 연료로 한 에너지'를 만드는 방법까지 찾아냈어. 이것을 '바이오 에너지'라고 해. 바이오 에너지로는 '바이오 에탄올'과 '바이오 디젤'이 있어. 바이오 에탄올은 사탕무나 사탕수수 등을 발효시켜서 얻고, 바이오 디젤은 야자수나 콩 등에서 짜낸 기름으로 만들어.

바이오 에너지는 한편으론 인류의 식량이기도 해. 이런 식량을 에너지 자원으로 쓴다면, 식량 부족으로 굶주림을 겪는 사람이 많아질 거야. 또 작물을 심으려고 원시림을 베어 내면서 야생 동물들도 살 곳을 잃게 되지.

요즘에는 '수소'를 이용하여 전기를 생산하는 연구를 많이 하고

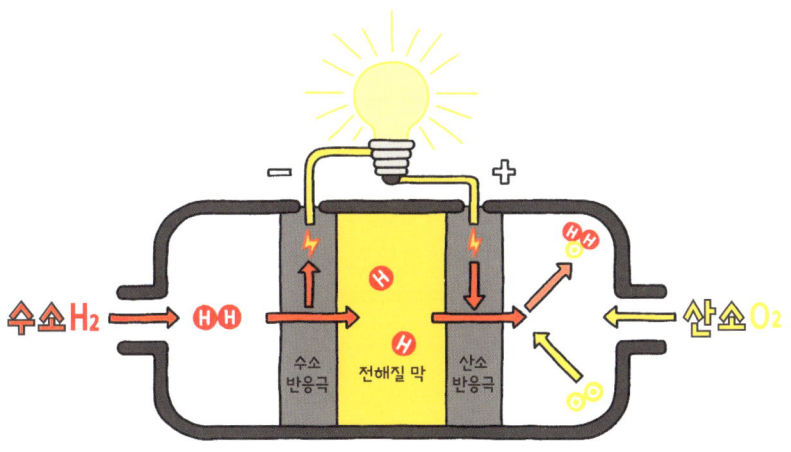

있어. 지구의 물은 수소와 산소로 이루어져 있어서 물을 전기로 분해하면 수소를 얼마든지 얻을 수 있거든. 과학자들은 수소 에너지로 전기를 생산하는 '수소 연료 전지'를 만들었어. 하지만 수소 에너지를 얻으려면 전기를 사용해야 하는 문제가 있었어. 지금은 전기 대신 햇빛으로 물을 분해하는 기술을 개발하고 있어.

# 신·재생 에너지가 지구를 구할까?

　새로운 에너지 자원을 찾고, 그 에너지 자원을 이용해 산업을 발전시키면서 인류의 문명은 계속해서 발달해 왔어. 앞으로도 산업이 발전하는 만큼 더 많은 에너지가 필요해지겠지. 그런데 지금처럼 화석 에너지를 계속 쓴다면 어떻게 될까? 인류는 매일 기후 변화에 맞서 싸우게 될지도 몰라. 기후학자들은 늦어도 2050년까지 전 세계가 100퍼센트 신·재생 에너지를 이용할 수 있도록 바뀌어야 한다고 충고해.

　화석 에너지를 신·재생 에너지로 바꾸는 건 세상을 바꾸는 일이야. 자연과 사이좋게 어깨동무하며 사는 길이고, 인류가 사는 길이지. 오스트리아와 코스타리카 같은 몇몇 국가는 이미 에너지의 대부

분을 신·재생 에너지로 생산하고 있어. 하지만 신·재생 에너지는 아직 화석 에너지를 대신할 만큼 충분하지 않아.

신·재생 에너지가 충분히 만들어질 때까지 우리는 화석 에너지를 아껴 써야 해. 한 사람 한 사람이 비행기나 자동차를 덜 타고, 에어컨을 지나치게 틀지 말고, 고기를 덜 사 먹고, 음식을 먹을 만큼만 덜어 남기지 말아야 하겠지. 물건을 아껴 쓰는 것도 에너지를 절약하는 방법이야. 그만큼 공장에서 에너지를 사용하는 양이 줄어들 테니까 말이야.

하지만 이것만으로 충분하지 않아. 강과 호수를 깨끗이 보존하고, 산에도 나무를 많이 심어 가꾸어야 해. 숲과 나무가 파괴되면 그곳에 사는 생물들이 사라지고, 그 생물로부터 에너지를 얻는 인류도 위험해지거든.

이렇게 인류가 힘을 모아 에너지와 물건을 아껴 쓰고, 자연을 잘 가꾸어 나가고, 깨끗한 에너지를 만들어 간다면, 미래의 지구는 더 푸르고 더 안전할 거야. 아직 늦지 않았어. 지금부터 서둘러야 해!

# 생각 정리

## 모닥불에서 신·재생 에너지까지

인류가 자연에서 처음 얻은 에너지는 불이야. 인류는 불 에너지로 동굴 안을 따뜻하게 하고, 요리를 하고, 맹수를 쫓아냈어.

차츰 불 에너지를 다루는 기술이 늘면서 문명이 발달하게 됐지.

인류는 오랫동안 나무와 목탄을 불 에너지를 만드는 가장 중요한 에너지 자원으로 썼어.

인구가 늘어나면서 나무와 목탄이 부족해지자 영국에서는 석탄이 새로운 에너지 자원으로 등장했어.

그 뒤로 석탄의 힘을 이용한 증기 기관의 발명 덕분에 산업이 빠르게 발전할 수 있었지.

산업 혁명으로 사람들은 도시로 몰려들었고, 미국에서는 어두운 밤을 밝히기 위해 새로운 에너지 자원인 석유를 찾아내기에 이르렀어.

석유가 자동차의 연료로 쓰이기 시작했고, 석유의 사용량은 폭발적으로 늘어났어.

그사이 과학자들은 보이지 않는 불인 전기의 정체를 밝히고, 전기 에너지를 만드는 방법을 찾아냈어.

에디슨은 전기 에너지를 대량으로 만드는 발전소를 세워 집집마다 전기를 쓸 수 있게 했어.

다 내 덕이지!

과학자들은 원자가 지닌 에너지의 비밀을 알아냈고, 이를 이용해 페르미가 원자력 발전소를 만들었어. 하지만 원자력 발전소는 위험이 따라.

인류는 전기를 생산하기 위해 엄청난 양의 화석 연료를 쓰고 있어. 이 때문에 지구 온난화가 심해지고, 환경이 망가지고 있어.

지구의 환경을 지키기 위해 우리는 최대한 신·재생 에너지를 써야 해.

약속!

## 궁금증 상담소

**Q** 화석 연료가 왜 재생 불가능한 자원일까?

**A** '죽은 동식물로 다시 화석 연료를 만들면 되지 않을까?'라고 생각할 수 있어. 그런데 화석 연료는 수백만 년에 걸쳐 만들어져. 이에 비해 인류가 에너지를 쓰는 속도는 너무 빨라. 그래서 인류가 필요할 때 화석 연료가 다시 만들어지는 것은 불가능해.

**Q** 고대에는 석유를 약으로 썼다고?

**A** 메소포타미아, 이집트, 그리스, 중국에서 석유를 약으로 썼다는 기록이 남아 있어. 메소포타미아와 이집트, 그리스 사람들은 상처나 피부병에 석유를 발랐다고 해. 중국에서는 위병과 피부병에 석유를 썼대.

**Q** 석유를 약국에서 팔았었다고?

**A** 자동차에 넣을 석유를 처음 판 곳은 독일 비스로흐에 있는 약국이었어. 1888년에 카를 벤츠가 만든 자동차를 위해서였지. 자동차 전용 주유소가 생기기 전에는 약국, 철물점, 잡화점 같은 곳에서 휘발유를 팔았어. 자동차 주인들이 이곳에서 휘발유를 구매해 직접 차량에 주입해야 했지.

**Q 전기로 빛을 내는 최초의 전등은 누가 발명했을까?**

**A** 1802년, 영국의 과학자 험프리 데이비가 전기로 빛을 내는 최초의 전등을 발명했어. 이 전등을 '아크등'이라고 해. 하지만 아크등은 너무 밝고, 빛을 내는 기간이 짧아서 널리 쓰이지 않았어.

**Q 전기 현상을 처음 발견한 과학자는 누구일까?**

**A** 기원전 600년 무렵, 고대 그리스의 철학자이자 과학자인 탈레스가 전기를 처음 발견했어. 탈레스는 누런색 광물인 호박을 털가죽으로 문지르면 깃털이나 머리카락 같은 물질을 끌어당긴다는 것을 관찰하고, 이것을 '전기'라고 했지.

**Q 석탄과 석유는 어떻게 만들어졌을까?**

**A** 석탄은 수억 년 전에 열대 밀림 지대에 널리 퍼져 있던 식물이 땅에 묻힌 다음에 열과 압력을 받으면서 만들어진 고체 물질이야. 석유는 바다에 살던 생물이 땅에 묻힌 다음에 열과 압력을 받으면서 만들어진 액체 물질이야.

## 손바닥 교과 풀이

### 초등 3학년 1학기 사회

**3. 교통과 통신 수단의 변화**

● 교통수단의 발달과 생활 모습의 변화
- 증기 기관이 발명된 뒤에 사람이나 동물의 힘이 아닌 기계의 힘을 이용한 교통수단이 발달했다.
- 교통수단의 발달이 생활에 어떤 변화를 가져왔는지 알 수 있다.

수증기의 힘으로 기계를 움직일 수 있게 되면서 증기 기관차와 증기선 같은 교통수단이 발달했어.

### 초등 3학년 2학기 사회

**2. 시대마다 다른 삶의 모습**

● 먼 옛날 사람들은 무엇으로 도구를 만들었을까?
- 옛날 사람들이 도구를 만드는 데 사용한 재료를 알 수 있다.
- 돌이나 흙이 아닌 금속을 녹여서 생활 도구를 만들어 사용했다.
- 옛날 사람들은 불을 피워서 집 안을 따뜻하게 했다.

옛날 사람들은 불 에너지를 이용해 자연에서 얻은 재료로 생활 도구를 만들었어.

> 초등 5학년 1학기 과학

## 3. 태양계와 별

● 태양은 어떤 일을 할까요?
- 사람들은 태양에서 오는 에너지를 다양한 곳에 쓰고 있다.
- 태양은 생물이 살아가는 데에 필요한 에너지를 공급한다.
- 사람들은 태양에서 오는 에너지를 이용해 태양 전지를 충전시키고 전기로 바꾸어 쓴다.

사람들은 태양에서 오는 열에너지와 빛 에너지를 이용해 전기를 만들어 써.

> 초등 6학년 2학기 과학

## 1. 전기의 이용

● 전자석은 어떤 성질이 있을까?
- 전자석은 전기가 흐를 때만 전기의 성질이 나타나고, 전기가 흐르지 않을 때는 전기의 성질이 나타나지 않는다는 것을 알 수 있다.

● 전자석은 어디에 이용될까?
- 전자석 기중기, 자기 부상 열차, 스피커, 선풍기, 자기 공명 영상 장치 등에 전자석을 이용하고 있다.

패러데이가 자석과 코일로 전기 에너지를 만들 수 있다는 것을 밝혀냈고, 이 현상을 이용해 전기를 만들어 내는 기계인 발전기를 만들었어.

**생각의 탄생_⑨ 에너지와 환경**

1판 1쇄 발행 | 2024년 9월 25일
1판 2쇄 발행 | 2025년 6월 9일

**펴낸이** | 김영곤
**아동부문 프로젝트 3팀** | 이장건 김의헌 박예진 김혜지 이지현 **책임편집** | 이정화
**마케팅팀** | 남정한 나은경 한경화 권채영 전연우 최유성
**영업팀** | 한충희 장철용 강경남 황성진 김도연
**디자인** | 여백커뮤니케이션 **제작** | 이영민 권경민

**펴낸곳** | ㈜북이십일 아울북
**출판등록** | 2000년 5월 6일 제406-2003-061호
**주소** | (10881) 경기도 파주시 회동길 201 (문발동)
**대표전화** | 031-955-2100 **팩스** | 031-955-2177
**홈페이지** | www.book21.com

다양한 SNS 채널에서
아울북과 을파소의 더 많은 이야기를 만나세요.

인스타그램 @owlbook21   페이스북 @owlbook21   네이버카페 owlbook21

ISBN | 979-11-7117-795-0
ISBN | 978-89-509-4065-2(세트)

ⓒ 김형자 · 박우희, 2024
이 책을 무단 복사복제·전재하는 것은 저작권법에 저촉됩니다.

· 잘못 만들어진 책은 구입하신 서점에서 교환해 드립니다.
· 가격은 책 뒤표지에 있습니다.

⚠ **주의** 1. 책 모서리가 날카로워 다칠 수 있으니 사람을 향해 던지거나 떨어뜨리지 마십시오.
　　　 2. 보관 시 직사광선이나 습기 찬 곳을 피해 주십시오.

· 제조자명 : ㈜북이십일
· 주소 및 전화번호 : 경기도 파주시 회동길 201(문발동)/031-955-2100
· 제조연월 : 2025.06
· 제조국명 : 대한민국
· 사용연령 : 3세 이상 어린이 제품

· **일러두기** 맞춤법과 띄어쓰기는 《표준국어대사전》을 기준으로 삼았고, 외국의 인명, 지명 등은
　　　　　 국립국어원의 '외래어 표기법'을 따랐습니다.

## 특별 궁금증 상담소

**Q** 우리가 부르는 '불 에너지'는 어떤 에너지일까?

**A** '불 에너지'는 불이 타는 과정에서 나오는 여러 에너지를 모두 포함한 말이야. 화학 에너지는 연소를 통해 주로 열 에너지와 빛 에너지로 변환되지. 이 과정에서 공기의 팽창과 압력 변화로 소리 에너지가 발생할 수도 있어. 혹시 열과 빛, 소리 등 재미있는 과학에 대해 더 알아보고 싶다면 아래를 봐.

# 과학을 진짜 쉽고 진짜 재미있게!
# 어린이를 위한 세상의 모든 과학

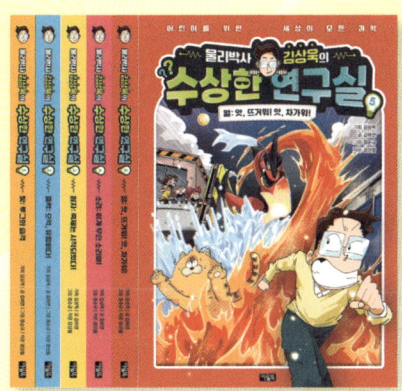

2권에서 '중력'도 배울 수 있다고!

1권 보러가기

우리랑 같이 물리와 사랑에 빠지자!

다음 장도 있어요!

# 세계 최강 에너지

👤 2

인류

이번 생각 여행 덕분에 몰랐던 에너지를 많이 알게 되어서 정말 좋았는데, 한 가지 걱정 때문에 웃을 에너지가 부족해.

 에너지

화석 에너지로 인해 파괴되어 가고 있는 지구 환경 걱정 때문이구나? 요즘 내가 읽는 책이 있거든. 이 정도 추리는 식은 죽 먹기지.

인류

어떻게 알았어? 대체 무슨 책을 읽고 있길래 내 생각을 맞춘 거야?

 에너지

대한민국 1호 프로파일러 권일용 교수의
첫 번째 어린이 추리 동화 시리즈!

1권 보러가기